AF469004

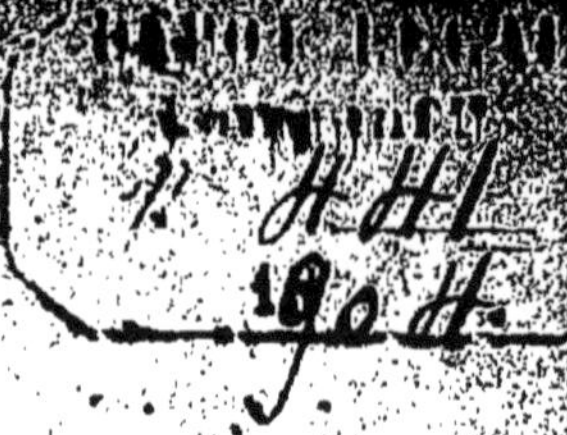

Athanase OLLIVIER

Curé de Sainte-Anne

Sainte-Anne

de Jérusalem
d'Auray
de Nantes

NANTES

Imprimerie C. Mellinet, BIROCHÉ & DAUTAIS, Successeurs

5, Place du Pilori, 5

—

1904

Athanase OLLIVIER

CURÉ DE SAINTE-ANNE

Sainte-Anne

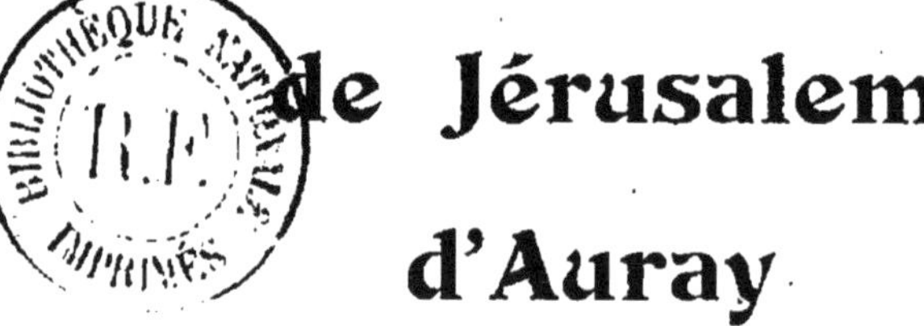

de Jérusalem
d'Auray
de Nantes

NANTES

IMPRIMERIE C. MELLINET, BIROCHÉ & DAUTAIS, SUCCESSEURS

5, Place du Pilori, 5

—

1904

ÉVÊCHÉ

DE

NANTES

Nantes, 26 juillet 1904

CHER MONSIEUR LE CURÉ,

Les pages délicates que votre science et votre piété ont consacrées à sainte Anne instruiront et édifieront leurs heureux lecteurs. Touchés par tant de souvenirs merveilleux, que vous groupez sous des noms si chers, Jérusalem, Auray, Nantes, ils offriront à Notre-Seigneur, par l'intercession de son auguste Aïeule, leurs plus ferventes prières pour notre catholique Bretagne, pour la France, pour l'Eglise, à cette heure cruelle! et vous en aurez le grand mérite.

Dans cet espoir consolant, je vous renouvelle, bien cher Monsieur le Curé, l'assurance de mon plus affectueux dévoûment.

† PIERRE-ÉMILE,

Evêque de Nantes.

I

Sainte-Anne de Jérusalem

Tu honorificentia populi nostri !
(Judith, xv, 10).

Le royal ancêtre de sainte Anne chantait : « Le Seigneur chérit Sion plus que toutes les tentes de Jacob ! » Or, depuis que la cité bien-aimée est devenue déicide, Dieu, parmi tous les peuples chrétiens, a reporté ses prédilections sur une seconde Jérusalem, la France. Quatorze siècles de christianisme prouvent éloquemment cette particulière tendresse. A cette démonstration de l'histoire, nous apportons un nouveau témoignage. L'amour d'un père, lorsque la mort l'arrache à ses enfants, se perpétue en leur léguant, comme le plus cher des souvenirs, l'héritage de ses biens. Or, de même que le Sauveur confiait, en 1294, à la garde du Souverain Pontife, sa maison de Nazareth, miraculeusement devenue le sanctuaire de Lorette ; ainsi, de nos jours, a-t-il légué, à la Fille aînée de l'Eglise, un autre divin patrimoine non moins précieux, je veux dire le berceau de sa Mère et la tombe de son Aïeule.

†

Voyez se dresser sur la colline de Bézétha, au bord du val de Cédron, près de la piscine Probatique, au nord de ce Temple dont Hérode poursuit la splendide restauration, une humble demeure, mesurant sept mètres de long, creusée dans le roc et précédée d'un modeste jardin : c'est la maison, héritage de leurs aïeux, qu'occupent deux princes issus de David, Joachim de Nazareth et Anne de Bethléem, son épouse. Aux jours des grandes fêtes de Sion, Joachim renferme en cette bergerie les brebis et les agneaux qu'il vient exposer au marché de Bézétha, le quartier des troupeaux, et qu'achètent les fils d'Israël pour les offrir en sacrifice sur l'autel des holocaustes. Les fêtes terminées, Joachim reprend avec Anne le chemin de Nazareth, leur résidence ordinaire, depuis qu'ils ont quitté Séphoris, où s'était célébré le mariage des deux saints patriarches.

A l'un de ces voyages à la Ville Sainte, Anne priait dans le jardin, où s'élèvera l'olivier planté par la Vierge, et elle épanchait devant Dieu sa douleur profonde : elle n'avait point d'enfant. Un ange lui était apparu, et lui avait révélé de quelle gloire surhumaine le Seigneur l'allait combler. Depuis lors, tandis que Joachim retournait parfois sur les monts de Nazareth, parmi ses bergers, la bienheureuse Anne n'avait plus quitté la maison probatique. C'est donc en cette crypte sacrée, selon une tradition de dix-neuf siècles, que fut conçue, que naquit l'Immaculée. « Accourez, nations, s'écriera, en ce lieu même, saint Damascène : aujourd'hui de la racine de Jessé s'épanouit une fleur divine! Elevez la voix, car, dans la sainte Probatique, nous est née la mère de Dieu ! »

La Vierge coula, en cette retraite paisible, ses trois premières années, et de là fut conduite au Temple. Bientôt la mort la rappelait auprès du lit funèbre de Joachim, puis de sa mère. Dans le même rocher, à quelques mètres de la maison paternelle et y communiquant, une seconde grotte avait été creusée : là furent déposés par Marie les restes mortels de ses parents bien-aimés. Telle est la tradition écrite, du moins depuis le XIIe siècle.« Une grande église, consacrée à la mémoire d'Anne et de Joachim, est bâtie en ce lieu. On y voit une petite caverne creusée dans le roc ; elle est placée sous l'autel. C'est là que se trouve le sépulcre de saint Joachim et de sainte Anne ». Ainsi écrivait, en 1113, l'igoumène russe Daniel. L'italien François Pipino disait après lui, en 1330: « Là, j'ai vu et j'ai touché le tombeau où se trouve le corps de la bienheureuse Anne, mère de Marie ». Ces témoignages se poursuivent jusqu'en 1666. Alors se taisent les relations des pèlerins. C'est que des éboulements avaient fermé l'entrée de la grotte funéraire, dont on avait perdu la mémoire, jusqu'à ce quelle fût retrouvée, 18 mars 1889, par les Pères de Sainte-Anne.

Le berceau de l'Immaculée, la tombe de ses parents, voilà donc de quels souvenirs augustes se trouve déjà consacrée la maison Probatique. Il s'en ajoutera bien d'autres. On ne peut douter, en effet, que la Vierge n'y demeurât, lorsqu'elle montait au Temple, avec Joseph. Adrichomius, l'un des plus savants critiques qui aient écrit sur la Terre sainte, l'affirme d'après les traditions anciennes : « Marie, dit-il, y demeurait encore au temps de la Passion : *Atque ibidem passionis Christi tempore mansit* ». C'est donc là que fut porté Jésus, au retour de la purification de sa mère ; là qu'il se réfugia, durant les trois jours que ses parents le perdirent à Jérusalem ; là qu'il se retirait pour échapper à la foule, comme on le remarque au jour où s'accomplit le miracle de la

Probatique — tout à coup il disparut et on ne le retrouva plus dans le Temple. Là se tenait, sans doute, la Vierge avant de se rendre au Calvaire, tandis qu'à quelques pas, Pilate jugeait son Fils au prétoire de l'Antonia. La Voie douloureuse, qui se déroule jusqu'au Golgoth , commence au prétoire. De sa demeure, Marie put entendre les effroyables vociférations des déicides, alors que le divin Patient, couronné d'épines, recevait la croix sur ses épaules ensanglantées, jetait un dernier regard vers la maison maternelle, et s'en allait mourir.

Cette grotte vénérable, la première en date des sanctuaires chrétiens, voilà donc l'évangile de pierre qui, de la Conception de Marie à la Passion de son Fils, nous raconte la Rédemption tout entière. Aussi sera-t-elle chère à la piété de la primitive Eglise. Une tradition en fait la demeure du premier évêque de Jérusalem, saint Jacques le Mineur, neveu de sainte Anne et peut-être l'héritier de la Vierge. Le cardinal Pitra l'insinue, d'après le texte d'un pèlerin du IVe siècle, Virgilius. D'autre part, M. de Voguë écrit : « Il est évident, d'après la description des absidioles, que cette première grotte a servi d'église dans les temps les plus reculés ».

†

Qui gardera, à la vénération des âges chrétiens, cette insigne relique, au milieu des révolutions ordinaires des empires, au milieu surtout de cette mystérieuse Jérusalem devenue, par l'élection divine, l'inévitable rendez-vous de toutes les nations, m is aussi leur éternel champ de bataille ? Le Seigneur veille au berceau de sa Mère et sur la cendre de ses aïeux : *Dominus custodit ossa eorum*. Il a tout d'abord fondé sa maison dans la pierre même ; c'est pourquoi, plus que toute œuvre humaine, la demeure de sainte Anne restera, avec les rocs de Nazareth, de Bethléem et du Saint-Sépulcre, l'immuable prédicateur de l'Incarnation. La prédilection du Christ ira plus loin. Il permettra parfois que son propre tombeau soit profané, comme jadis sa personne adorable. Mais, par une sainte et filiale jalousie, la même dont il protégea l'Immaculée contre la souillure du serpent maudit, jamais il ne souffrira que soit violé le sanctuaire où s'accomplit cet ineffable prodige. Pas un Oza ne portera impunément sur cette arche sacrée une main sacrilège ; le chérubin au glaive de feu semble revenu de l'Eden pour y monter sa garde terrible. « On y observe une chose bien remarquable, écrit, en effet, Jacques Goujon, en 1666, c'est que pas un infidèle de l'un ou l'autre sexe ne peut demeurer en l'une ou l'autre de ces chambres, qu'il ne meure quelque temps après. Ce que Dieu permet, à ce que nous devons penser, afin que cette sainte demeure, le lieu de la naissance de la plus pure de toutes les vierges, ne soit point profanée par les plus cruels ennemis de la sainte pureté ».

Justifions par l'histoire cette inviolabilité merveilleuse, qui a valu à la France un si précieux héritage.

Arrive le premier (70), contre la cité déicide, l'émérite destructeur annoncé par le Sauveur. Il vient s'établir au camp même de Sennachérib, en avant de Bézétha, alors ceinte, depuis l'an 44, de la muraille d'Agrippa. Il la renverse, et pénètre dans l'enceinte qui garde la demeure de sainte Anne. Mais, écrit Champagny d'après Josèphe, « dans Bézétha et dans Acra qu'il prit ensuite, Titus avait défendu de tuer un homme désarmé, de détruire une maison; il n'avait abattu que les remparts ».

Echappée à ce formidable orage, la grotte sacrée traverse de même, sans nul outrage, la persécution de Barcochébas et les dévastations d'Adrien (137). Le Saint-Sépulcre pourra disparaître sous l'autel de Vénus, et Jérusalem perdre jusqu'à son nom, pour revêtir celui d'Ælia : Sainte-Anne n'attirera pas l'attention des impies, et restera, jusqu'à Dioclétien, l'asile secret des chrétiens. Transformée en sanctuaire, durant la période romaine, « cette habitation, dit Liévin, reçut des décorations en rapport avec le goût du temps, et fut d'abord desservie par des solitaires du Mont-Carmel ».

Enfin voici sainte Hélène (326), qui vient illuminer la Jérusalem chrétienne de la splendeur prédite par Isaïe. Alors se couronnent de splendides basiliques le Saint-Sépulcre et le Mont des Oliviers. La pieuse princesse oubliera-t-elle sainte Anne ? « S'il est vrai, dit le P. Crée, que les reliques de sainte Anne, honorées à Constantinople, y furent rapportées par sainte Hélène elle-même, il est de toute évidence qu'il faut mettre au rang des basiliques secondaires bâties au IVe siècle (Nicéphore en signale plus de trente : *Supra triginta, in sanctis illis locis*), celle où la pieuse mère de Constantin pouvait, d'un même coup, honorer le berceau de la Mère de Dieu et le tombeau de ses glorieux parents, saint Joachim et sainte Anne ».

C'est donc à l'épiscopat de saint Macaire, à l'époque byzantine, comme le témoigne à son tour l'architecture de l'église actuelle, que la maison et la tombe de sainte Anne furent élevées en honneur, en même temps qu'ailleurs le berceau, la demeure et le tombeau du Christ. « Bâtie pour des Grecs, écrit Mgr Lavigerie, cette basilique avait une courte abside, avec son exèdre destiné au clergé, et son autel unique, fermé par l'iconostase. Le sol du transept formait son sanctuaire, et reliait l'abside principale aux deux absides latérales, où les ministres sacrés prenaient leurs ornements. »

Autre touchante merveille ! Cette église, fragile amas de pierres, exposée, bien plus que la crypte elle-même, aux dévastations continuelles des hommes et du temps, participera à la même providentielle inviolabilité des deux grottes sacrées qu'elle protège. Poursuivons, à travers les âges, cette nouvelle démonstration.

†

De Constantin à Héraclius s'écoule la période de gloire de la basilique Sainte-Anne. De sa solitude de Bethléem (386), saint Jérôme y voit accourir « évêques, martyrs, docteurs venus de l'Inde, de l'Ethiopie, de l'Hibernie et de la Bretagne. » Bretons et Gaulois ne seront point, en effet, des derniers à venir rendre leurs hommages à l'Aïeule du Christ, et dès l'an 333, le Pèlerin de Bordeaux nous laissait ce curieux

Itinéraire, qui trace aux pèlerins des Gaules le chemin de la Ville sainte. Cet élan de piété s'explique par les bénédictions dont la Vierge et sa mère payaient dès lors ces admirables pérégrinations et cet héroïsme digne des Mages, comme le témoignent ces ex-voto retrouvés à Sainte-Anne et exposés au Louvre, et qui racontent les faveurs et les guérisons obtenues en ce sanctuaire. Antonin, le martyr de Plaisance, y vient à son tour, en 535, puis il écrit : « Nous vînmes à la pisicine natatoire qui a cinq portiques, dans l'un desquels est la basilique de Sainte-Marie, ou s'opèrent beaucoup de miracles ».

A cette date, comme on le voit, l'église portait encore le nom de Sainte-Marie. Nous pensons qu'elle reçut, vers 555, le vocable de Sainte-Anne. Réparée alors « très probablement par l'empereur Justinen I, dit Liévin, tout porte à croire qu'elle fut alors dédiée à sainte Anne ». L'historien arabe Aboulféda écrivait, en effet, en 1320, que dès « avant l'islamisme (c'est-à-dire avant 636) cet édifice est connu sous le nom de Sainte-Anne ». Et il semble nous donner la raison de ce vocable, qui fut d'honorer particulièrement sa cendre, quand il ajoute : « On dit que le tombeau d'Anne, mère de Marie, *Hanna Omm Meryem*, s'y trouve ».

†

Mais voici que le ciel reprend sa colère contre la cité déicide et cet Orient, indomptable promoteur d'hérésies. Chosroès arrive, 614, et les sanctuaires de Jérusalem deviennent la proie des flammes. Et Sainte-Anne ? Le nouveau buisson d'Horeb sort intact de l'embrasement. « Chosroès, dit le P. Crée, incendia les immenses basiliques dont les charpentes étaient en bois, comme le Saint-Sépulcre et Saint-Etienne. Mais en notre église, moins large et voûtée en pierre dès l'origine, comment mettre le feu ? On ne brûle pas les pierres. Elle ne fut donc pas détruite par les Perses ». Aussi, quelques années après, 635, entendons-nous son patriarche, saint Sophrone, s'écrier, en beaux vers anacréontiques : « J'entrerai dans la sainte Probatique, où la glorieuse Anne engendra Marie ! Je couvrirai de baisers ces murs qui me sont si chers ! Je passerai avec respect sur cette place où est née, dans la demeure de ses pères, la Vierge Reine ! »

Ainsi chante le pieux pontife ; mais bientôt il faut pleurer : voici qu'Omar entre dans Jérusalem, 636. Après une héroïque défense, Sophrone a du moins obtenu dans la capitulation « qu'aucun des temples chrétiens ne serait détruit ni aliéné. »

Epargnée par les invasions, la basilique de Sainte-Hélène ne subira-t-elle pas le sort de tant d'églises renversées, à Jérusalem et en Palestine, par le tremblement de terre de 738? Non, puisque quelques années après, 750, nous entendons saint Damascène s'écrier, dans ce sanctuaire même : « Salut, ô Probatique, maison des ancêtres de notre Reine ! Salut ô Probatique, toi autrefois bergerie de Joachim, et maintenant église du troupeau spirituel du Christ, et image du ciel ! ».

†

Sol sacré, tour à tour juif, romain, byzantin, musulman, voici qu'une première fois, ô bonheur ! il devient terre française ! Une ambassade arrive à Rome, où se tient Charlemagne, le 7 décembre 799 : c'est le prêtre Zacharie et deux religieux qui apportent au monarque, de la part du calife Haroun-al-Raschid, les clefs de la Ville Sainte. Le pieux empereur reçoit avec joie cet insigne présent, et il chérira cette pacifique conquête comme le plus précieux joyau de sa couronne. Chaque année, comme le marquent ses biographes et ses Capitulaires, il enverra d'abondantes aumônes pour l'entretien des saints Lieux et des religieuses de Sainte-Anne : « A Sainte-Marie, nous dit, en effet, son *Commemoratorium*, au lieu où elle est née, à la Probatique : clercs, cinq ; recluses consacrées à Dieu, vingt-cinq ».

Mais ces quelques années de bonheur, pour la sainte maison, s'enfuient comme l'éclair. Dès 812, la barbarie musulmane reprend ses dévastations. Le patriarche Elie III s'efforce de relever ces ruines, et fait appel à son suzerain, 881, l'empereur Charles le Gros. La France, en effet, gardait toujours ses droits sur Jérusalem, et telle est l'origine du Protectorat français des Lieux-Saints. Dans cette nouvelle tempête, qu'est devenue Sainte-Anne? L'arche vogue toujours sur les flots, sous le regard tutélaire de l'Étoile des mers. Bernard le Moine visitait la basilique, en 870: il la trouvait florissante, et il la nomme la Grande église, *ecclesia permaxima*.

Nouvel orage : le féroce Hakem, sultan du Caire, excité par les Juifs, envoie le gouverneur de Ramleh ruiner les églises de Jérusalem et conduire en Egypte, les yeux crevés, le patriarche de la Ville sainte, 996. Et Sainte-Anne? Elle se trouvait alors, à un titre particulier, sous la haute protection du Croissant : « Sous la domination musulmane, dit Aboulféda, cette église servait de Maison de science ». Puis, il ajoute : « Les Francs, devenus maîtres de Jérusalem, l'an 492 (de l'hégire) la rendirent à sa première destination ».

Voici qu'en effet l'oriflamme française va de nouveau couvrir la tombe de sainte Anne de ses plis protecteurs. Des premiers, notre duc de Bretagne, Alain Fergent, et Chotard d'Ancenis, entraient, 15 juillet 1099, un vendredi, à 3 heures du soir, par la porte Saint-Etienne. Or, cette porte conduit précisément au quartier de la Probatique, où l'église Sainte-Anne est située. En sorte qu'une des premières églises que saluèrent nos Bretons, en entrant dans Jérusalem, fut celle de la bienheureuse mère de la Vierge.

Des filles de Saint-Benoît, parmi lesquelles on comptera l'épouse de Beaudouin I et la fille de Beaudouin II, rois de Jérusalem, montent maintenant leur garde pieuse autour du berceau de la Reine des vierges et de la tombe de sa chaste mère. Pour leur créer un chœur dans le transept, il a fallu modifier la forme grecque de la basilique primitive : la nef, où l'on creuse un second escaliers de vingt-deux marches pour que les fidèles puissent descendre à l crypte, est prolongée vers l'ouest, et la façade est elle-même transformée. L'église actuelle témoigne de ces changements.

Et maintenant que les chemins de Sion sont ouverts à l'Occident chrétien, quelle ère de bonheur renaît pour la maison de sainte Anne ! Quelles légions de pèlerins se pressent dans ces grottes imprégnées de larmes, où l'air semble comme doucement alourdi par les prières des siècles ! Voir, se prosterner, prier, pleurer, voilà le seul salaire de ces courses lointaines et de fatigues inouïes. Et pourtant toutes ces âmes s'en retournent heureuses, tant cette roche mystérieuse leur a parlé avec l'ineffable accent d'Anne et de Joachim, de la Vierge et du Sauveur !

Vision du Thabor ! Elle aura duré 88 ans pour la chrétienté. Puis, 1187, accourent des plaines sanglantes de Tibériade, les vainqueurs des Croisés. Les musulmans rentrent à Jérusalem ; ils se précipitent vers l'église Sainte-Anne. Les religieuses épouvantées s'y tiennent réfugiées. Alors l'abbesse : « Mes filles, si votre chasteté vous est chère, imitez-moi ». Et tirant un couteau, elle se tranche le nez de ses propres mains. Personne qui recule devant ce sanglant sacrifice. Quelques-unes pourtant, jeunes, tendres enfants, pleurent et frémissent ; mais courageuses pourtant, elles se prosternent aux pieds de leurs compagnes, et les supplient de leur rendre cet horrible office.

Les infidèles ont brisé les portes ; mais à l'aspect de cette troupe angélique, immobile dans la prière, et de ces visages ensanglantés, ils s'arrêtent plus interdits qu'en face d'une phalange de chevaliers. Ils ont compris, et l'admiration succédant à la fureur, ils conduisent avec respect les religieuses hors de l'église, et les mettent à l'abri de toute injure. Voilà quel héroisme honorait le berceau de l'Immaculée, et sanctifiait le dernier jour de Sainte-Anne une seconde fois devenue française. Cette victoire ne valait-elle pas celle de Saladin ?

†

De longs siècles de deuil renaissent maintenant pour la demeure de sainte Anne. Comme le porte l'inscription, qui se lit à l'entrée de l'église actuelle, Saladin en a fait une *médressé* école de science, où siègent le corps des Ulémas et le collège des Imans, 1192. Les savants disparaîtront bientôt, et la Salahieh ne sera plus qu'une mosquée desservie par des santons, qui laisseront se dégrader l'édifice, uniquement attentifs à exploiter la piété des visiteurs.

Ce que l'épée de moines soldats, les Chevaliers, n'a pu conserver à l'empire chrétien, d'autres pacifiques conquérants en reprendront du moins la garde. Les Franciscains, 1219, viendront réjouir parfois de leurs prières et de leurs chants la crypte solitaire, et, dans la suite, ils obtiendront, par divan du sultan, d'y célébrer les saints mystères. Les pèlerins seront moins heureux : « Si n'y osent pénétrer nuls chrestiens », dit, en 1395, Simon de Sarebruche. La proscription musulmane devient insensiblement moins farouche : « Le santon d'icelle, écrit en 1606, Cestier de Marseille, en permet l'entrée aux chrétiens, en payant un maydin par tête. Il faut, pour aller dans ladite maison, descendre plusieurs degrés sous terre, avec force lumière. Etant en bas, on voit deux chambres, en l'une, un autel avec certaines images peintes par dessus, qui est le mesme lieu où nasquit la Vierge. » Après tant d'autres pèlerins, Châteaubriand y descend à son tour, en 1806, et il écrit : « J'ai visité le monastère de Sainte-Anne, mère de la sainte Vierge, et la grotte de la conception immaculée, sous l'église du monastère. Ce monastère est converti en mosquée, mais on entre pour quelques médins. Sous les rois chrétiens, il était habité par des religieuses. »

La demeure de sainte Anne et l'église de sainte Hélène ont donc, sans nulle altération, traversé la domination musulmane. Un grand péril les menace pourtant, en 1840. Ibrahim pacha veut construire une caserne, sur l'emplacement du palais de Pilate. En vain réclament le custode des saints Lieux et le consul de France. Les débris du monastère et une partie du clocher ont déjà disparu ; puis, la partie méridionale de l'église, attaquée par les démolisseurs, laisse déjà une brèche large à passer un char. Mais le jour même où s'accomplissait cet acte de vandalisme, on apprenait la chute de la domination égyptienne en Syrie. Une fois encore le Sauveur avait témoigné que tout est inviolable en sa Mère, jusqu'à sa maison : *Creavit Dominus novum super terram.*

Ainsi donc, lorsque les palais d'Hérode et de Constantin ont depuis si longtemps disparu, contemporains de ces splendeurs évanouies, la bergerie de Joachim et le monument dressé par Hélène apparaissent encore aux regards du XIXe siècle, comme un phare inextinguible, comme les immortels témoins du dogme de l'Immaculée-Conception. Mais cependant, sous quels aspects lamentables ! Les voûtes de l'église, ouvertes en plusieurs endroits, laissent pénétrer les pluies du ciel, et la crypte du tombeau de sainte Anne, qui communique par un regard avec le sanctuaire supérieur, porte la trace de fréquentes inondations. Les portes enlevées ont permis aux habitants du voisinage d'entrer librement dans l'église. Les décombres entassées à l'entour s'élèvent jusqu'à la toiture. « Heureusement, dit un témoin oculaire, Mgr Lavigerie, au milieu de ces ruines, le sanctuaire intérieur avait toujours été respecté. L'escalier qui y conduisait avait même été longtemps muré, et on n'y descendait que par le soupirail qui donnait sur le préau de l'ancien monastère. Une religieuse terreur le garantissait contre les profanations des musulmans. »

†

Mahomet régnait toujours, en effet, sur la tombe de sainte Anne. Par deux fois cependant, en 1799, le vainqueur des Pyramides et du Thabor était passé aux abords de la Ville Sainte. Il ne tenait qu'à lui de reprendre la propriété de Charlemagne et de Godefroy. Mais, « Jérusalem n'entrait pas, disait-il, dans son plan d'opération : » la Révolution fraternisait d'impiété avec le Croissant. Mais enfin, un demi-siècle après, la France secouant le joug du philosophisme et de l'anarchie, en cette année mémorable, 1854, se sentit renaître au généreux enthousiasme des vieux Croisés. Et tandis que nos évêques se rassemblaient autour de Pie IX, pour décréter le dogme de l'Immaculée-Conception, nos soldats s'élançaient vers l'Orient, pour arracher à son ignominie six fois séculaire, la grotte sacrée où s'accomplit cet ineffable mystère.

Elle venait alors d'échapper à un nouveau péril : et cet attentat suprême ne fut-il pas la raison dernière de la nouvelle Croisade ? Les Grecs avaient acheté par surprise de Constantinople, un firman qui leur livrait l'église de Sainte-Anne. Quoi ! la Vierge, qui a triomphé de toutes les hérésies, subirait la domination du schisme ! Les Grecs suivaient en cela leur persévérant système de violences et d'intrusions. Depuis qu'en 1808, (on ne sait par quelles mains : *Is fecit cui prodest*) le Saint-Sépulcre avait été incendié, les tombes des rois latins profanées, tout souvenir rappelant les Francs effacé, les schismatiques n'avaient cessé d'envahir et de s'approprier les sanctuaires franciscains, et de se faire un jeu de notre protectorat en Palestine. C'est de ces perfidies que la France demandait compte à la Russie.

Depuis onze mois, nos soldats luttaient pour cette cause sainte ; le sang de 70.000 Français avait déjà arrosé les plaines de Sébastopol, et la querelle n'était pas encore décidée. N'écoutant alors que sa foi, malgré les réclames des protestants et des Turcs nos protégés, qui servaient dans l'armée, le maréchal Pélissier a fixé pour l'assaut général de Malakof, (notre Mellinet s'y trouvait) le jour même, 8 septembre 1855, où sainte Anne donna le jour à la Vierge de la maison probatique. Et ce jour, qui apporta jadis la joie à l'univers, donnait à la France une grande victoire : Sébastopol succombait, et, des 4.200 canons glanés sur ses débris sanglants, le Royaume de Marie dressait, dans sa reconnaissance, sur la montagne du Puy, la gigantesque statue de bronze de Notre-Dame de France.

A cette renaissance de la piété française, la Vierge venait une première fois dire merci. Le 25 mars 1858, elle élisait domicile sur notre territoire : « Je suis l'Immaculée-Conception, disait-elle, et je désire ici une chapelle ! » Ce trône, nous le lui avons dressé, et jusqu'à ce cinquantenaire de la proclamation du dogme de l'Immaculée, que de millions de pèlerins sont allés se prosterner à la grotte de Lourdes, et en ont rapporté consolation et bonheur !

Ce n'était pas assez pour la reconnaissance de Marie ; elle voulut à son tour nous faire un présent. La vaillance des chevaliers de Godefroy avait remporté le tombeau de Jésus-Christ ; les héros de Crimée auront obtenu la délivrance du tombeau de sainte Anne. Depuis six ans, en effet, se négociait, auprès du sultan Abdul-

Medjid, cette précieuse transaction. Enfin, ce délicieux sanctuaire, l'enjeu de ce duel formidable, qu'avait envié la Russie, devint le prix de notre victoire et notre propriété : le 1er novembre 1861, le drapeau français était arboré sur l'antique demeure de sainte Anne, des mains d'Edmond de Barrère, consul de France à Jérusalem !

†

Avec quelle allégresse la France se plut à relever de l'opprobre, où elle gémissait depuis 674 ans, sa noble conquête ! Par l'habilité de M. Mauss, l'église réparée pierre par pierre, reprit exactement l'aspect de la basilique des jours de Lusignan. La crypte à son tour, par les soins des Pères Blancs d'Alger, ses gardiens, 1878, s'illumina d'un air de bonheur. Une récente restauration laisse subsister sa forme ancienne. Une petite abside, revêtue de pierres du pays, est creusée dans le rocher. Elle est occupée, depuis 1902, par un artistique autel, au-dessus duquel trône la Vierge-Immaculée, dans une niche gracieuse, dont les pierres fleuries rappellent l'églantier qui enguirlande la grotte de Lourdes. D'un côté la statue de saint Joachim, et de l'autre, sainte Anne, présentent à leur Fille nos premiers parents, Adam et Eve.

Combien il nous est doux de voir notre chère cité intimement associée elle-même à ces antiques et sublimes souvenirs ! Remontez, en effet, les vingt-deux marches qui conduisent à la basilique. Dans l'abside centrale, vous verrez se dresser un riche autel surmonté d'un magnifique baldaquin de marbre blanc, porté par quatre colonnes de granit rouge. Derrière, se dresse la statue en marbre de sainte Anne, instruisant la Vierge enfant. Aux armes de Bretagne et de notre ville, gravées sur le piédestal, vous reconnaissez le filial hommage des Nantais :

« Depuis le mercredi saint (21 avril 1886), écrivait à M. Potet l'un des Pères Gardiens, sainte Anne est réellement la reine de notre basilique. Elle s'élève sur un cube de maçonnerie masqué par l'autel, de façon que le piédestal, l'inscription et les armes, aussi bien que la statue elle-même, paraissent à tous les regards. Tous les membres des communautés religieuses de la Ville Sainte, tous les pèlerins qui se trouvaient ici pendant le temps pascal, sont venus l'admirer. Outre la beauté du bloc dans lequel vous avez sculpté vos personnages, ce qui frappe surtout, c'est le calme profond qu'on lit sur les traits de sainte Anne, l'expression angélique de la sainte Vierge, la disposition harmonieuse des plis des vêtements : « Tout cet ensemble est saisissant et d'un grand sentiment religieux, » me disait hier encore le consul de France. »

Quel charme indicible de compter maintenant sainte Anne parmi nos compatriotes ! sa maison parmi nos colonies françaises ! et nous Nantais, parmi les modernes chevaliers qu'elle admet particulièrement à monter la garde en son palais, comme naguère, nos Lamoricière et nos Charette au Vatican ! « Est-il une nation si grande, chanterons-nous avec le prophète, qui ait des dieux qui s'approchent si près d'elle, comme Dieu se rapproche de nous ? » Merci donc, ô sainte Anne, de toute notre âme de chrétiens et de Français, ô vous, notre amour, notre espérance et la gloire de notre patrie :

Tu honorificentia populi nostri !

II

Sainte-Anne en Bretagne

O Britonum lux inclyta !
(Office de sainte Anne).

Le Sauveur a confié à sa céleste Aïeule la garde de l'Armorique. L'Esprit, qui souffle où il veut, s'est choisi de même, dans l'ancien monde, de l'Eden au Calvaire, bien des théâtres de ses manifestations surnaturelles. Sites inconnus que rien ne signalait jusqu'alors au respect des peuples, sitôt que le Très-Haut les a illuminés d'un éclair de sa puissance, les foules accourues les ont dès lors révérés comme la maison de Dieu et la porte du ciel. Ainsi sur nos landes bretonnes, dès nos origines chrétiennes, s'est révélée une nouvelle Béthel, dont sainte Anne, par une divine investiture, a fait sa nouvelle patrie.

La Bretagne a répondu de toute l'ardeur de

son âme à cette ineffable prédilection, si bien que, dans l'opinion catholique, elle est devenue comme la terre classique de la dévotion à sainte Anne, et que l'on s'écrie avec étonnement : « Comment se fait-il que la froide Armorique lui soit si admirablement fidèle, qu'elle la mette partout et toujours, ainsi que faisait autrefois David pour Jérusalem ? Aussi nous ne pouvons que redire, du plus profond de notre âme, dans un élan d'amour pour Dieu et pour la patrie : Il faudrait que la France entière fût bretonne ! »

Qui nous révèlera le mystère de cette admirable sympathie de l'auguste habitante du ciel pour l'humble colon d'Arvor ? C'est que la royale Israélite de Nazareth, la femme forte, inébranlable dans sa foi mosaïque, elle et Joachim, « ce vrai couple breton, » dit Mgr Freppel, voit réfléchi en nous son propre caractère ; retrouve ses bien-aimés concitoyens des monts de Galilée, dont le Talmud a tracé ce portrait : « Le Judéen aime l'argent, mais le Galiléen l'honneur. » Intrépide, façonné dès sa jeunesse au combat, depuis les jours lointains de Sisara jusqu'au désastre suprême essuyé sous Vespasien, il a joué cent fois sa vie contre la mort, jetant à chaque païen envahisseur le cri victorieux de Débora et de Judith, des Machabées et des Zélotes : « Pas d'autre maître que Dieu ! »

Voilà de même le Breton, cette nature loyale, obstinée, respectueuse du passé, d'un esprit invinciblement chrétien. Depuis qu'à la voix de Clair il a détrôné Teutatès, et enté la croix à ses menhirs, aucune puissance n'a pu la renverser. Passent le schisme, l'hérésie, le philosophisme, la Terreur, le Breton, appuyé d'une main sur l'Evangile et de l'autre sur son épée, aguerri par des luttes incessantes, endurci au milieu des tempêtes éternelles qui battent ses rivages, immobile sous l'orage comme le chêne de ses forêts, demeure le maître de son cœur comme de son sol. Son Conan en a chassé les Romains ; Nominoé, les Francs ; Alain, les Normands ; Duguesclin, les Anglais. Seuls, les deux plus puissants conquérants qu'ait vus la terre, César et Charlemagne, ont pu courber un instant sa tête chevelue. Aux autres, le Breton n'a jamais payé en tribut que du fer, et, s'il est devenu Français, ce n'est pas qu'on l'ait dompté, mais lorsque la France à genoux est venue baiser la main de sa dernière duchesse :

Nul vainqueur n'enchaîna la douce et blanche hermine,
D'elle-même elle offrit sa royale étamine,
Et sa couronne d'or, où l'on voyait fleurir
La devise : « Plus tôt que se souiller mourir ! »

Depuis lors, le courageux mais pourtant pacifique fils d'Arvor sert loyalement ses maîtres, à la condition inflexible qu'on le laisse librement à son tour servir son Dieu :

Nous avons un cœur franc pour détester les traîtres !
Nous adorons Jésus, le Dieu de nos ancêtres !

chante encore le barde des Bretons, Brizeux.

Voilà l'esprit de foi invincible qu'inspirèrent le Père des croyants aux Hébreux, et sa Fille, aux Bretons, et qui en a fait deux nations immortelles. Est-il donc étonnant que sainte Anne chérisse en ses enfants d'adoption son image et sa ressemblance ?

†

Quelles annales nous rediront maintenant par quelle voie ce culte a pris naissance parmi ces vieux Celtes, arrachés aux superstitions druidiques, par les Clair, Pol, Malo, Corentin, Gildas ? « C'est là, dit Mgr Freppel, une de ces éclosions mystérieuses, qui ne frappent l'esprit des peuples qu'au moment où ils en recueillent les fruits. » Le Nil, aux champs d'Ethiopie, cache sa source et reste longtemps invisible ; puis il révèle son cours et s'avance, de plus en plus majestueux et fécond, pour unir ses flots à la grande mer par les sept bouches du Delta. Ainsi les œuvres divines naissent le plus souvent dans l'obscurité, et se dérobent aux regards de l'histoire, pour reparaître plus tard dans toute leur force et leur éclat.

Sainte Anne nous révèlera du moins elle-même qu'en l'année 699, une chapelle lui était alors dédiée, à une heure d'Auray, à trois lieues de Vannes, au milieu des landes de Keranna. Le village n'existait pas encore, et cet oratoire « était le premier qu'on eût bâti en Bretagne en son honneur. » Voilà donc le site sacré que s'était choisi l'Aïeule du Christ pour y établir sa demeure première et perpétuelle parmi les Bretons, de même qu'autrefois Jéhovah signalait pour son premier autel en Palestine, à Abraham, les bocages de Sichem ; à David, l'aire d'Ornan. L'an 699, voilà marquée aussi l'époque où se dressait déjà, au milieu des chênes et des menhirs du Morbihan, ce rustique palais de notre céleste Souveraine. Faut-il reculer de plusieurs siècles au-delà ce bienheureux avénement ? N'est-ce pas sous ses puissants auspices que, dès le souverain pontificat de Pierre, avait pris naissance cette chrétienté celtique ; s'étaient dressés tant d'églises et de monastères ; avaient fleuri tant de saints ?

Oui, déjà dans tes champs fertiles
Je vois la moisson qui grandit,
Je trouve en tes hameaux, comme en tes nobles villes,
Des noms dont l'éclat me ravit.
Rennes, la cité souveraine,
Et les champs de Léon ont nommé tour à tour
Le frère de Remy, le pontife Melaine,
Hervé, le fils du troubadour ;
Les Pol, les Brieuc, les Magloire,
Les Patern et les Corentin,
Dont les noms sont inscrits au seuil de ton histoire
Marquent ton glorieux destin [1].

Oui, en ce VIIe siècle, où dès lors nous apparait le trône de sainte Anne, la foi bretonne l'entoure d'une auréole de gloire, et la reine d'Arvor peut être fière de son peuple. A cette époque, en effet, la perfection évangélique ne s'épanouit pas seulement parmi les évêques et les moines, mais jusque sous la couronne de Bretagne. Judicaël l'a reçue de son frère, Salomon II, 632, tandis que la plupart de ses vingt-six autres frères, et parmi eux saints Judok et Vinok, cherchent dans les monastères la couronne des cieux. Sorti lui-même du cloître, saint

(1) *Cardinal Richard*, Cantate : *Catholique et Breton toujours !* 1er mai 1866, à la Bienheureuse duchesse de Bretagne, Françoise d'Amboise, — aux Couëts.

Judicaël fait monter sur le trône des Budic et des Hoël toutes les vertus chrétiennes, au point de faire rougir de ses désordres le roi de France Dagobert. Puis, toujours plus avide de la gloire éternelle que des grandeurs d'ici-bas, il abdique la pourpre. « Convoquant ses Etats, dit Albert, il se démit de la dignité royale, et, s'estant rendu à l'abbaye de Gaël, il se jeta aux pieds de l'abbé, et le supplia de le recevoir au nombre de ses religieux. Toute la Bretagne accourut à cette nouvelle, pour voir ce prince changer sa pourpre en un vil habit monacal. Il parut vestu de ses habits royaux, assisté de ses officiers, en présence desquels il fut vestu de bure, tirant les larmes des yeux de tous les assistans ».

Par cet ensemble de circonstances, on peut juger à quel degré de splendeur se trouvait porté, l'an 658, le catholicisme en Bretagne, et comment sainte Anne avait dès lors réussi à se créer un peuple selon son cœur.

†

La prospérité des Bretons s'efface avec Judicaël, sinon leur piété. Alain II hérite du sceptre paternel, et le transmet, 691, à son fils Gradlon II. Puis se déchaînent à la fois la guerre civile et la guerre étrangère : les descendants de Budic s'arment contre les héritiers d'Hoël, et les Francs s'immiscent en ce sanglant débat. Les Marches de Bretagne, affranchies de leur joug, retombent, depuis Nantes jusqu'à Aleth, aux mains de Pépin d'Héristal. C'est au sein de cette tempête, que, le 25 février 699, disparut la chapelle de sainte Anne.

Mais si les monuments sont périssables, les affections bretonnes sont immortelles, et sainte Anne reste toujours, au cœur des fils d'Arvor, « la bonne Marraine de ce pays ». Ecoutez ce vaillant, type de la Bretagne guerrière et croyante : « O sainte Anne, Dame bénie, je vins bien jeune vous rendre visite ; je n'avais pas vingt ans encore, et j'avais été à vingt combats, que nous avons tous gagnés, par votre assistance, ô Dame bénie ! Si je retourne au pays, Mère sainte Anne, je vous ferai un présent, et j'irai trois fois à genoux puiser l'eau pour votre bénitier » — « Va au combat, va, chevalier Leiz-Breiz, j'y serai avec toi ». Et le héros revient : « Grâces vous soient rendues, ô Mère sainte Anne, c'est vous encore qui avez gagné la victoire ». Mais enfin vaincu à son tour par les Francs, usé par la douleur d'une longue captivité, le chevalier breton voit venir à lui, passant dans le bois vert, une dame vêtue de blanc qui le regarde et se met à pleurer : « Leiz-Breiz, mon cher fils, est-ce bien toi ? Viens ici, mon pauvre enfant, que je coupe ta chaîne; viens, je suis ta Mère, sainte Anne d'Arvor ».

Ainsi, à défaut d'annales, l'antique légende nous exprime la naïve tendresse et la confiance sans borne, dont les Bretons des âges lointains entouraient leur bonne Mère. Au Moyen-Age, les monuments de ce culte apparaissent dans les églises de Brandelion, Moréac, Buléon, Ménéac, Pluměrian, Saint-Dolay, Saint-Nolf, et l'an 1378, le pape Urbain VI accorde à toutes les églises de la Grande Bretagne la permission de célébrer solennellement la fête de sainte Anne.

†

Non contents de l'honorer de leurs propres sanctuaires, les Bretons s'en allaient saluer sainte Anne, jusqu'aux lieux bénis qui gardaient sa tombe. Saint Jérôme les avait vus se presser dans la maison Probatique. Alain Fergent arrivait à son tour, 1099, l'épée à la main, et la première église qu'il arracha au Croissant, fut celle de Sainte-Anne. « La bonne sainte, dit Mgr Lavigerie, n'était pas encore autant qu'elle l'est aujourd'hui, entourée des hommages de la Bretagne; mais elle y était connue et servie cependant, et elle y préparait son règne. Ne pensez-vous pas que dans ces mâles guerriers qui venaient de si loin, elle ne vît déjà la fidélité de leurs fils, et que son oreille maternelle ne distinguât leur rude langage au milieu des cris de triomphe que faisaient entendre, près de son sanctuaire, toutes les langues de l'Occident ? »

La sainte duchesse Hermengarde viendra, après son mari, rendre ses hommages à l'Aïeule du Christ, dans sa basilique, restaurée par les Croisés. A la porte de ce temple, alors fermé, nous voyons de même, en 1635, Albert Padioleau, sieur de Launay, conseiller du roy et auditeur en sa Chambre des Comptes de Bretaigne, et il écrit : « S'y void pareillement la maison de sainte Anne où l'impératrice Hélène fit bastir une église qui sert à présent de mosquée ».

Un Breton avait jadis fait disparaître cette impure mosquée ; un Breton de notre âge l'abolira à son tour. Durant six années, Edmond de Barrère luttera contre des obstacles qui paraissaient invincibles, pour obtenir du sultan la cession à la France de l'église Sainte-Anne. Aussi était-il heureux de faire hommage de sa conquête à sa terre natale, en lui adressant une pierre de l'antique sanctuaire, avec cette inscription : « A Sainte-Anne d'Auray, roche du sanctuaire de Sainte-Anne de Jérusalem — Prise de possession par la France, 1er novembre 1861. — Le consul de France en Palestine, Edmond de Barrère. »

Après lui, ce fut encore un Breton, l'abbé Gillard, de Quimper, qui prit possession pour les pères d'Alger, 1878, de l'église restaurée de Sainte-Anne, et qui le premier y résida depuis la conquête de Saladin. Un Breton encore, le père Varangot, après s'être ardemment dépensé aux fouilles, « obtenait, en sa qualité de Breton, la faveur de pénétrer le premier dans le tombeau de la patronne de la Bretagne », que le 18 mars 1889, il venait de découvrir. Aussi Mgr Lavigerie ne pouvait-il retenir cet aveu : « Il semble que sainte Anne n'ait voulu devoir qu'à des mains bretonnes sa délivrance et le rétablissement de son culte aux lieux mêmes où elle a vécu. »

†

Ainsi, des jours de Judicaël au siècle de Louis XIII, sainte Anne retrouvait constamment, en son nouvel Israël, la fidélité qu'elle avait cherchée : « un peuple, dit Mgr Freppel, qui a su garder intactes, avec la foi de ses pères, les traditions de loyauté et d'honneur qu'ils lui avaient léguées ; un peuple qui a vu les révolutions passer sur sa tête sans se sentir atteint par leur souffle délétère ; un peuple au sein duquel la religion a conservé son empire, l'autorité son prestige, la vie de famille son attrait et sa divine poésie; un peuple qui, au milieu des assauts livrés à sa croyance, est resté là debout comme un roc de granit, contre lequel sont venus se briser les efforts réunis du schisme, de l'hérésie et de l'incrédulité ». C'est que « sainte Anne, dit Mgr Lavigerie, n'a pas plus permis au schisme et à l'hérésie de régner là-bas en son sanctuaire de Jérusalem, qu'elle ne leur a permis de régner en Bretagne. »

Sainte Anne allait récompenser cette constance et resserer des liens si doux. Et voici que, pour unir le culte des anciens âges aux bénédictions nouvelles qu'elle prépare, elle vient ostensiblement elle-même réclamer le premier trône que lui érigea la Bretagne.

†

Le souvenir de la chapelle des temps de saint Mériadec s'était conservé au village de Keranna. Les débris en avaient été employés pour les habitations d'alentour. La statue qui ornait l'antique sanctuaire était restée enfouie dans la terre. Aussi sainte Anne environnait-elle ce lieu sacré d'une religieuse terreur. Jamais la charrue n'avait passé à cet endroit du Bocenno, sans qu'elle se brisât et que l'attelage ne reculât d'épouvante. Aussi disait-on : « Prenez garde à l'endroit de la chapelle ! »

Près de ce champ mystérieux, qui faisait partie de sa ferme, habitait Yves Nicolazic. Il portait quarante-trois ans et jouissait d'une parfaite renommée de vertu et de piété. La paix de son cœur se reflétait sur sa figure, ascétique, sans rigidité ; des cheveux courts encadraient son front élevé, où se réflétait la paix de son cœur ; son regard intelligent et doux respirait la confiance, et dans toute sa physionomie se révélait un mélange de force et de douceur, où revivait la mâle énergie du breton, adoucie et comme tempérée par les vertus du chrétien. Il honorait sainte Anne, « sa bonne Maîtresse », d'une affection profonde.

Or, une nuit du mois d'août 1623, vers onze heures du soir, Nicolazic vit tout à coup sa chambre illuminée d'une clarté éblouissante, qui provenait d'un flambeau de cire que soutenait en l'air une main mystérieuse. Une minute environ se produisit cet éclat extraordinaire, puis tout rentra dans l'ombre. Durant quinze mois ce phénomène surnaturel se renouvela. Souvent, à son réveil, Nicolazic revoyait le flambeau, ou bien le soir lorsqu'il revenait chez lui : il marchait à ses côtés, sans que le vent en agitât la flamme, et l'accompagnait jusqu'à sa maison. Sa femme ni ses serviteurs n'apercevaient rien.

Ainsi, sans l'épouvanter, sainte Anne préparait son serviteur à des manifestations plus solennelles et à la mission qu'elle allait lui confier. Voici qu'en effet, un soir d'été 1624, au coucher du soleil, il arrive des champs avec son beau-frère, près d'une fontaine. Soudain une lumière éclatante les arrête, et les bœufs refusent d'avancer. Ils lèvent les yeux et voient une Dame pleine de majesté, vêtue d'une robe blanche, le visage tourné vers la fontaine. A cet aspect, il s'enfuient épouvantés ; bientôt rassurés ils reviennent : la vision a disparu. La Dame reparaît pourtant bien des fois, près de la même source, de la maison ou de la grange et en d'autres endroits. Nicolazic n'a plus d'effroi, et contemple avec ravissement la céleste apparition debout sur un nuage, un flambeau à la main, majestueuse et douce, enveloppée de son vêtement lumineux. Des clartés qui se projettent jusqu'au village remplissent parfois le champ du Bocenno, et sur l'emplacement de la chapelle se font entendre de ravissantes harmonies. Ainsi, comme l'aurore annonce le soleil, sainte Anne prélude à ses révélations, et prédit le grandiose avenir ménagé par le ciel à ces sites alors si obscurs et si solitaires. Maintenant, elle va parler.

La veille de la fête de sainte Anne, 25 juillet 1625, Nicolazic revenant d'Auray, le chapelet à la main, arrive, le soir, devant la croix du chemin. La Dame reparaît devant lui, sous le même radieux appareil. Cette fois, il entend prononcer son nom et l'encourager par de douces paroles. Puis, un kilomètre encore, l'apparition le précède, l'accompagne jusqu'à sa demeure, et disparaît. Emu plus que jamais, Nicolazic ne peut prendre de nourriture, et s'en va poursuivre sa prière dans sa grange. Un instant, il croit entendre dans le chemin le bruit d'une multitude en marche ; il se lève, et ne voit rien. Il reprend son chapelet. Tout à coup, la grange s'illumine ; une voix se fait entendre, et demande s'il sait qu'il y eût ici une chapelle. Puis, aussitôt, sous les mêmes formes que tout à l'heure, la Dame reparaît. Nicolazic tremble à ses pieds. Elle parle, et c'est dans cet idiome celtique, d'un accent fort, souple et varié ; aux formes imagées, vives et franches ; où s'est si profondément empreinte, dans la poésie de son histoire, la majesté de sa grande et sauvage nature, la sublimité de ses religieuses espérances, l'âme de l'Armorique. Ecoutons :

c'est ici le solennel traité d'alliance de sainte Anne avec la Bretagne : « Yves Nicolazic, ne « craignez point : je suis Anne, mère de Marie. « Dites à votre recteur que, dans cette pièce de « terre que vous appelez le Bocenno, il y a eu, « même avant qu'il y eût ici aucun village, une « chapelle dédiée en mon nom. C'était la pre- « mière qu'on eût bâtie en Bretagne en mon « honneur. Il y a 924 ans et six mois qu'elle a « été ruinée ; je désire qu'elle soit rebâtie et « que vous preniez ce soin, parce que Dieu veut « que j'y sois honorée (1). »

Sainte Anne venait demander une seconde chapelle, et c'était précisément au milieu des derniers débris de la première. Vingt ans auparavant, le père de Nicolazic avait, en effet, employé à la construction de cette grange les dernières pierres recueillies au champ du Bocenno. Aussi, pour effacer cette profanation, le 9 mars suivant, un mystérieux incendie détruira cette grange, où les murailles seules seront la proie des flammes.

Troublé, incertain, Nicolazic demeure six semaines sans rien remplir du mandat qu'il a

(1) *La Gloire de sainte Anne,* publiée en 1682, par le Père jésuite de Kernatoux, p. 19, 11, 39, 50 : « Selon que je l'ai appris de deux paysans qui restent seuls en vie... du père René Guillaume, son confesseur,... de son fils Nicolazic, prêtre, mort il y a trois ans. »

reçu. La Dame revient : « Ne craignez point, dit-elle ; parlez à votre recteur ; ne tardez plus à m'obéir. » Nicolazic va faire en confession, au recteur de Pluneret, le récit de ces prodiges. Celui-ci le traite de visionnaire. Sainte Anne revient, la nuit suivante, consoler son serviteur tout attristé : « Ne vous mettez pas en peine de ce que diront les hommes ; faites ce que j'ai dit et reposez-vous sur moi. » Encore sept semaines d'hésitation, avant que Nicolazic reparût devant dom Rodouez. Sainte Anne l'y encourage dans une quatrième apparition : « Consolez-vous, Nicolazic ; l'heure va venir où ce que j'ai dit s'accomplira. » — « Bon Dieu, ma bonne Maîtresse, répondait le pieux laboureur, quand je dirai qu'il y a eu une chapelle en ce lieu, où je n'en ai jamais vu et où il n'en reste aucune trace, qui me croira ? Et puis, qui est-ce qui fournira aux frais de ce bâtiment ? Vous savez comment m'a reçu notre recteur et comment il m'a traité. » — « Ne vous mettez pas en peine, mon Nicolazic, faites seulement ce que je vous dis. Je vous donnerai de quoi commencer, et jamais rien ne manquera, non seulement pour bâtir, mais encore pour faire d'autres choses qui étonneront le monde. »

Dans sa seconde visite au recteur et à son vicaire, Nicolazic ne reçoit que des railleries.

Mais affermi dans sa confiance, le saint paysan n'en est pas découragé. De nouveaux prodiges le fortifient dans ses espérances. Vers la fin de l'été, un soir où, au clair de la lune, il chargeait du mil, il vit tomber du ciel une pluie d'étoiles, depuis le Bocenno jusqu'à sa chaumière. Pendant la nuit, il lui arriva plus d'une fois d'être transporté, sans savoir comment, au bienheureux champ du Bocenno; et là, ravi en extase, au milieu de célestes harmonies, il s'enivrait de douceurs indicibles.

†

Cependant, selon le conseil de sainte Anne, Nicolazic cherchait consolation et lumière sur son projet, auprès de divers amis à qui il avait ouvert son cœur.

Le premier lundi de mars 1625, sainte Anne lui apparut ; c'était la cinquième fois depuis qu'elle s'était fait connaître. Elle lui reprocha doucement ses lenteurs, et lui renouvela la demande d'une chapelle. « Une lumière du ciel, ajouta-t-elle, vous fera découvrir mon ancienne image, dans l'endroit du champ qui vous sera indiqué ! » Et l'heureux voyant, surnaturellement transporté au Bocenno, l'avait trouvé tout inondé de lumière, et avait entendu comme le bruit de grandes multitudes, qui semblaient briser les haies et franchir les fossés pour y pénétrer.

Une troisième fois, Nicolazic alla faire au presbytère le récit de ces merveilles. Du recteur et du vicaire il ne recueillit de nouveau que moqueries et menaces, et sans rien répondre, il revint à sa chaumière (1), l'âme dans une paix profonde. Sainte Anne reparut pour l'approuver et l'exhorter à se mettre à l'œuvre. « Alors, faites donc quelque miracle, ma bonne Maîtresse, répondit-il, pour que tout le monde connaisse votre volonté » — « Allez, dit la blanche apparition, confiez-vous en Dieu et en moi : bientôt vous verrez des miracles, et en abondance ; et l'affluence du monde qui viendra m'honorer en ce lieu sera le plus grand de tous ». Ineffables communications du ciel à la terre ! Dans cette suave argumentation de la faiblesse tremblante avec la divine puissance qui ordonne et promet, ne croit-on pas entendre encore l'auguste dialogue de Moïse et de Jéhovah, au merveilleux buisson d'Horeb ?

Le lendemain, 7 mars, sainte Anne venait apporter à son mandataire comme les arrhes de

(1) Incendiée, le 17 décembre 1903, non sans perfidie, a-t-on pu légitimement supposer.

sa promesse et sa cotisation personnelle. A la place où le flambeau mystérieux était apparu, la femme de Nicolazic aperçut douze quarts d'écus, rangés trois par trois, et qu'aucune main humaine n'avait placés là. Nicolazic s'en va les montrer au vicaire, toujours incrédule, et aux capucins d'Auray, qui l'exhortent à la prudence. Mais l'état d'esprit de son prophète et de son entourage en est au point où l'a voulu et préparé sainteAnne, depuis dix-neuf mois : une dernière fois elle va parler.

C'était le vendredi, 7 mars 1625, vers onze heures du soir. Nicolazic récitait son chapelet. Tout à coup, le flambeau, qu'il connaissait si bien, inonda la chambre de lumière, et la bienheureuse apparition reparut, plus que jamais rayonnante et majestueuse. « Yves Nicolazic, dit-elle, appelez vos voisins, et menez-les avec vous au lieu où vous conduira ce flambeau. Vous y trouverez l'image qui vous mettra à couvert des risées du monde ; on connaîtra enfin la vérité de ce que je vous ai promis ». Et elle disparaît.

Ravi de joie, Nicolazic se lève et sort. Le flambeau est là, qui marche devant lui. Il le suit jusqu'au Bocenno. Mais alors, se rappelant la recommandation de sainte Anne, il retourne appeler son beau-frère et quatre voisins, et revient avec eux. Elevé à trois pieds de terre au-dessus du champ, le miraculeux flambeau brille toujours. « Le voyez-vous ? le voyez-vous ? s'écrie Nicolazic ; allons, mes amis, allons où Dieu et Madame sainte Anne nous conduiront ». Ils suivent la lumière céleste ; ils entrent au Bocenno. Tout à coup le flambeau s'arrête au-dessus d'un vert tapis de seigle ; trois fois il s'élève et redescend, puis disparaît dans la terre. Nicolazic s'élance, et marque du pied l'endroit. « Ici, dit-il à son beau-frère ; prenez votre hoyau et creusez ». En cinq ou six coups, on atteint du bois. « Qu'un d'entre vous, s'écrie Nicolazic, aille vite jusqu'au village quérir un tison de feu et un cierge bénit de la chandeleur ». Le cierge allumé, on poursuit les fouilles.

Une statue apparaît bientôt. Elle mesurait environ trois pieds de haut et représentait sainte Anne près de la Vierge enfant. Bien que rongée par l'humidité, elle conservait encore le blanc et l'azur dont l'avait ornée la main du pieux artiste du VIIe siècle. Les plis de la robe se dessinaient nettement sur le fond noirci, dont le bois était fort dur ; les extrémités seules étaient vermoulues.

†

Telle est, au XVIIe siècle, la merveilleuse évocation du passé chrétien de la Bretagne. Sainte

Anne apporte cette statue en témoignage. Elle vient réclamer des enfants le bonheur de les bénir comme leurs pères, et de cet obscur village faire un centre d'attraction universelle et comme la métropole religieuse de la terre d'Arvor. C'est le feu sacré de Néhémie de nouveau rallumé, par ce mémorial auguste, pour raviver dans toute sa ferveur, aux jours de Louis XIII, l'amour du siècle de Judicaël pour la céleste Aïeule de Jésus-Christ. Evénement prodigieux, pour la vieille Armorique ! Que de merveilles sont en germe en ce premier miracle ! Et c'est ce morceau de bois grossièrement sculpté qui en deviendra comme l'instrument ! « Quand je vois ce grand Dieu, dit Mgr Freppel, partager sa puissance avec quelqu'une de ses créatures, communiquer une vertu surnaturelle à un peu de cendre inanimée et multiplier les prodiges autour d'une image à peine respectée par le temps, c'est alors que je saisis l'action divine dans sa toute-puissante liberté, et que le contraste de tels moyens me semble la révélation la plus frappante d'un pouvoir qui n'a d'égal qu'une bonté infinie comme lui ».

Le prodige capital, prédit par sainte Anne et qui, depuis bientôt trois siècles, se renouvelle chaque jour, je veux dire l'affluence des pèlerins autour de la statue mystérieuse, ne tarde pas à se produire. Nicolazic a vu la sainte image illuminer de sa splendeur le champ tout entier. La nuit venue, il entend, comme deux fois déjà, le bruit d'une grande multitude. Il ne voit rien, mais le lendemain, 12 mars, miraculeusement transporté au Bocenno, il est le premier témoin de l'arrivée de grandes troupes, accourues de tous les cantons de la Bretagne. D'après la longueur du trajet, on calcula que ces multitudes avaient dû se mettre en route depuis plusieurs jours, c'est-à-dire depuis le moment où fut découverte la statue. Une verdoyante loge de genêts l'abritait, et c'est devant ce rustique autel que les Bretons, à leur premier pèlerinage, répandent leurs prières, leurs larmes et leurs aumônes.

Dix-huit-cents écus sont déjà recueillis. Et, tous ces prodiges éclairés et justifiés auprès de Mgr de Rosmadec, évêque de Vannes, le 26 juillet 1625, fête de sainte Anne, au milieu de trente mille pèlerins, la première pierre de la chapelle, réclamée par la blanche apparition, est posée, et la première messe est dite devant la statue, par le recteur Rodouez, guéri à la fois de son incrédulité et d'un mal subit qui en avait été le châtiment. Trois ans se poursuit, par les soins de l'heureux Nicolazic, l'érection du nouveau sanctuaire qui peut être bénit le 24 juillet 1628, pour la fête de sainte Anne.

Le voilà donc dressé, selon son désir et pour des siècles, le trône de notre céleste Duchesse de Bretagne. Les fidèles y accourent de plus en plus, et les miracles se multiplient. Pour desservir le pèlerinage, un couvent s'élève à l'entour. Des Carmes l'occupent : ce furent de même des Carmes qui gardèrent les premiers, avant l'arrivée de sainte Hélène, l'humble oratoire de Sainte-Anne de Jérusalem. Sainte Anne d'Auray, dès son apparition, se voit intimement reliée à cette auguste basilique, et par un insigne mémorial, en attendant ceux de M. de Barrère et de Léon XIII, elle va prendre ostensiblement possession de son sanctuaire breton.

Le 2 janvier 1232, Simon, patriarche de Jérusalem et légat du Saint-Siège, remettait à un chevalier de la sixième croisade, Geoffroy du Soleil, une relique insigne, dûment authentiquée, de sainte Anne. Donnée aux religieuses de l'abbaye de Voisin, puis, par l'abesse, à son cousin, Henri de Loménie, prince de Mortagne, celui-ci en avait fait présent à Louis XIII. Le roi de France la tenait renfermée dans la Chapelle royale, enchassée dans un cristal de roche garni d'argent. Louis XIII consentit à en faire le sacrifice « à ladite église de Sainte-Anne, près Auray, dit-il, afin que ce soit un gage perpétuel et une marque de mon affection.» La translation s'en fit d'Auray à Keranna, le 1er juillet 1639, au milieu des démonstrations de bonheur de la Bretagne entière. (1)

Enfin, une cour d'honneur se formait, autour de la Reine de l'Arvor, de l'élite de ses fidèles : le 15 février 1641, le pape Urbain VIII érigeait une confrérie de sainte Anne, en tête de laquelle s'inscrivait Anne d'Autriche, avec le dauphin son fils, bientôt Louis XIV. Ainsi l'Aïeule du Sauveur appelait, comme lui, tous les rangs à ses pieds, après les bergers, les rois : c'est toujours le plan divin ; et ce hameau obscur se voyait investi de toute la splendeur de l'antique Jérusalem : *Ambulabunt gentes in lumine tuo et reges in splendore ortus tui.* Sainte Anne n'avait-elle pas dit qu'on y verrait « des choses qui étonneraient le monde ? » Il n'y avait pas encore vingt ans, et déjà les prodiges de Keranna retentissaient, en effet, dans tout l'univers catholique.

Nicolazic restait le bienheureux témoin de toutes ces merveilles, et son cœur tressaillait d'une indicible allégresse, en voyant sa bonne

(1) Outre cette relique de Louis XIII, et celle de Léon XIII, 24 juillet 1893, la basilique de Sainte-Anne possède encore un fragment du crâne de la Sainte, conservé dans l'église de Chiry-Ourscamp et donné par Mgr Péronne, évêque de Beauvais, 25 juillet 1890.

Maîtresse environnée de si magnifiques hommages. Il avait contemplé le couronnement de son œuvre : maintenant il pouvait chanter le cantique de Siméon. Voici qu'en effet, le 13 mai 1645, il entrait en agonie, au couvent des Carmes, où, de sa métairie de Pluneret, on l'avait transporté. On n'attendait plus que son dernier soupir. Tout à coup ses traits s'illuminent d'un air de bonheur, et ses yeux se lèvent vers le ciel : « Voici dit-il, la sainte Vierge et madame sainte Anne, ma bonne Maîtresse. » L'un des religieux se précipite alors vers l'église, et rapportant la statue miraculeuse : « Est-il vrai, Nicolazic, que vous avez trouvé cette image, grâce aux prodiges que vous avez racontés plusieurs fois ? » — « Oui, » répond le moribond. — « Avez-vous toujours en sainte Anne la même confiance ? N'êtes-vous pas bien aise de mourir à ses pieds, en reconnaissance des grâces qu'elle vous a faites pendant votre vie ? » — « Oui. » — « Eh bien, mon frère, l'heure est venue d'aller à Dieu : baisez donc les pieds de la sainte image. » Nicolazic y colla ses lèvres avec respect et tendresse, et, dans ce mouvement, il expira.

†

Durant un siècle et demi, la Bretagne et la

France ne cessèrent d'assiéger le trône de miséricorde que s'était dressé sainte Anne au milieu des Bretons, et d'en remporter des bienfaits. « Les registres de sainte Anne, écrivait, dès 1664, le père Kernatoux, sont si chargés de miracles, qu'ils rempliraient des volumes entiers. Le père Hugues (prieur des Carmes de Nantes) en rapporte sommairement la plupart dans son livre, avec les assurances qu'on en a. On y trouvera, depuis l'année 1625 à 1655, plus de trente morts ressuscités ; vingt-sept aveugles illuminés ; vingt-cinq tant muets que sourds guéris ; plus de cinquante paralytiques ou estropiés parfaitement remis ; douze délivrés du mal caduc ; vingt-deux de diverses infirmités ou maladies incurables, et vingt-sept guéris miraculeusement de longues et graves maladies. Maintenant, trente-six femmes ou mères sauvées de grands dangers ; vingt-sept malades guéris de plaies et blessures dangereuses ; environ quarante sauvés ou préservés de naufrage ou de captivité. »

Jusqu'en 1792, se poursuivit cette ère de bonheur. Puis revinrent les jours lugubres, qu'avait déjà subis le premier sanctuaire. Les Carmes furent chassés ; le trésor de l'église pillé ; les archives emportées au greffe du tribunal révolutionnaire ; la statue miraculeuse brûlée sur la place de Vannes. Un fragment considérable de la tête échappa pourtant aux flammes : c'est celui que l'on vénère inscruté dans le piédestal de la statue actuelle. La précieuse relique de Louis XIII fut également soustraite aux sacrilèges. Autre bonheur, qui rappelle la merveilleuse inviolabilité de Sainte-Anne de Jérusalem : l'église dressée par Nicolazic ne fut alors ni profanée ni détruite. Simplement fermée quelque temps, les pèlerinages cependant n'y furent jamais interrompus.

Il était réservé à la piété de notre âge de ressusciter, dans toute sa splendeur, le culte de sainte Anne. A Jérusalem, 1861-1878, la France rendait à l'antique Probatique la magnificence du temps des Croisades. A Auray, 4 septembre 1866, date de la pose de la première pierre, la Bretagne transformait la modeste église des jours de Louis XIII en ce splendide sanctuaire, honoré, 8 août 1877, du titre de basilique et consacré ce même jour par neuf évêques. Ainsi se trouve portée à son apogée de gloire cette seconde maison : « *Plus quam primæ* », selon le vœu ardent du pieux Nicolazic : « Je voudrais pouvoir lui offrir une église grande comme une cathédrale. »

Aussi, dans cet ébranlement, du 30 septembre 1868, de toute la Bretagne, fidèles, prêtres, évêques, accourue pour le couronnement de sa céleste souveraine, l'illustre évêque, plus tard notre député, adressait-il à la fidèle Armorique, ce magnifique éloge, aujourd'hui comme hier toujours mérité : « Enfants de la Bretagne, vous qui, depuis tant de siècles, avez formé à sainte Anne un cortège d'honneur et entouré son nom de vos bénédictions, vous avez votre part légitime dans ce triomphe de votre bien-aimée Patronne. Oui, je ne crains pas de le dire, en rendant à sainte Anne un solennel hommage, un hommage peut-être exceptionnel et unique, le Souverain Pontife Pie IX a voulu encore vous honorer vous-mêmes, honorer votre foi restée vierge de toute hérésie, votre piété traditionnelle, l'énergie de vos convictions, la simplicité de vos mœurs, la droiture de votre caractère, tout cet ensemble de qualités qui forment votre tempérament national ; en sorte que, dans ce diadème d'or et de perles, emblème des vertus de votre sainte protectrice, je vois également une couronne de gloire déposée par les mains du chef de l'Eglise sur le front de la catholique Bretagne. »

III

Sainte-Anne à Nantes

Nautis et navibus nostris semper faveas !
(A la statue de sainte Anne).

Sainte Anne, d'une affection native, chérit la mer et les marins. Des hauteurs (340 mètres) de Nazareth, n'a-t-elle pas longtemps contemplé la nappe d'azur du lac de Tibériade; suivi du regard ces blanches nacelles sillonnant les ondes poisonneuses; traversé elle-même, sur la barque de Zébédée son parent, ces mêmes flots tranquilles, que devait parcourir, charmer, apaiser son Petit-Fils Jésus ? Elle reporte maintenant sa prédilection sur notre presqu'île armoricaine (*ar-mor*, ou mieux *ar-vor* sur mer, pays maritime) et sur Nantes (*N-aoned*, ville des rivières), Nantes qui, avec la Bretagne, fournit à la marine française les quatre cinquièmes de ses matelots : Nantes, parmi nos quatre-viugt-cinq ports, l'un des plus antiques, des plus glorieux, des plus aimés, et comme chante notre barde breton :

Nantes n'a plus au front ses parures ducales,
Mais toujours on la nomme une reine des eaux ;
La Loire avec amour baigne ses larges cales
Et jusqu'à l'Océan soulève ses vaisseaux.

Sainte Anne aime Nantes et garde ses marins ; Nantes à son tour répond à cette tutélaire tendresse. Ses dolmens à lui, témoin de ce culte séculaire, ce sont partout ces temples et ces autels, qui racontent, à chaque génération et sur les deux rives de notre grand fleuve, le traditionnel amour de toute âme au Comté nantais, pour « la bonne marraine de ce pays. » [1]

†

Les prémices et la gloire de ce culte, parmi nous, semblent appartenir au pays de Retz. Saine Anne aurait donc choisi tout d'abord pour séjour le voisinage de notre beau lac, qui lui rappelait le sien. « A en croire une tradition, dit notre savant paléographe diocésain, ce sanctuaire rivaliserait d'antiquité même avec la chapelle primitive de Sainte-Anne d'Auray. Quoi-

(1) *Mamm baoronez vad ar vro-ma*

qu'il en soit, il est certain que la « ville de Vue » est très ancienne. La chapelle Sainte-Anne, avec son vieux cimetière et son champ de foire, existe de temps immémorial. Le marché conclu, le 30 août 1644, (l'année qui précéda la mort de Nicolazic) entre le recteur Mathieu Odye et les Favreau de la Bodinière, aux Brouzils, parle expressément d'une *reconstruction*. La chapelle était le centre d'un pélérinage fréquenté ; sainte Anne y opérait des miracles, consignés dans des actes notariés, que l'on peut voir encore. Le 29 mars 1637, Jacques Burgaud, de Challans, y recouvrait la vue, et le 30 juillet 1659, une infirme du nom de Raballand y retrouvait l'usage de ses jambes, après huit ans d'infirmité ». La piété des jours mérovingiens et du Moyen-Age ne s'est point ralentie dans la région de Vue, et chaque année, un nombreux et solennel pélerinage vient solliciter pour les fils la maternelle tendresse qui a bénit leurs ancêtres.

Le même concours touchant se revoit, tous les ans, à cette autre gracieuse chapelle, relevée là-bas sur les rives de l'Erdre. Cet oratoire de Sainte-Anne a été reconstruit, entre l'église paroissiale et le château de Casson, avec les pierres qui formaient jadis un antique sanctuaire situé au fond des bois, et qui, durant les guerres protestantes, servit d'asile au culte catholique, alors que les huguenots, maîtres du pays, avaient fermé l'église paroissiale.

Des bords de l'Erdre remontons vers les rivages du Don, et sur les flancs de la colline qu'environnent ces immenses tapis de bruyères, au travers desquelles serpentent ces mille petits sentiers creusés sous les pas des pélerins, dominant de sa majesté les charmants municipes d'alentour : le Grand-Fougeray, Guémené, Conquereuil, Marsac, Derval, Sion, Piéric, nous apercevons l'antique chapelle de Guénouvry, Saint-Anne de Lessaint. C'est à ce pittoresque rendez-vous de famille que, de Blain à Châteaubriand, chaque fête de sainte Anne voit accourir de trois à quatre mille pèlerins, qui viennent solliciter la tendresse de leur Bonne Mère.

Ces augustes domaines ne sont pas les seuls fiefs de sainte Anne au comté nantais : elle a conquis tout entier le diocèse de saint Clair, et s'est partout dressé des trophées. Regardez, au milieu de nos fertiles campagnes sur l'une et l'autre rive, la chapelle de sainte Anne de Cambon devenue l'église paroissiale ; Sainte-Anne de Rohart, en Savenay, prieuré qui dépendait, depuis des siècles, de l'abbaye de Pornic ; Sainte-Anne du Goust, à Malville ; au village de Coursay, en Monnières, la chapelle bâtie en 1644, par les Bouyer, en l'honneur des « saints Anne,

Joseph et Marie » ; à Montbert, la chapelle fondée par Pierre Bedeau ([1]), procureur du roi au siège présidial de Nantes ; à Sainte-Pazanne, sante Anne de la Préauté, où, le 3 août 1670, est fondée une messe chaque dimanche, « et toutes les fêtes commandées par l'Eglise et spécialement le jour de la fête de sainte Anne, non obstant la suppression qui en a esté faite ». En d'autres paroisses, si l'édifice sacré ne porte pas le vocable de la patronne de la Bretagne, on y trouve cependant des chapelles, élevées dans l'église ou accolées à ses murailles, comme à Notre-Dame de Clisson, à Mouzillon, à Saint-Philbert, où l'on voyait « derrière et sous le grand autel, une petite chapelle dédiée à sainte Anne, avec un autel bâti au XVIIe siècle assez proprement ». Partout ailleurs au diocèse de Nantes, quel sanctuaire paroissial n'a point son autel ou sa statue de sainte Anne ?

C'est là que, le dimanche, le chrétien aime à venir rendre à la Bonne Mère son tribut d'hommage. Mais il se sent au cœur l'obligation de remplir un autre devoir sacré. Chaque Israélite, aux fêtes nationales, devait accomplir le pélérinage de Jérusalem. De même, voici le programme traditionnel pour tout ami de sainte Anne :

(1) Voir *Saint-Géréon et ses évêques*, p. 134-136 : Les Bedeau de l'Ecochère.

C'est notre mère à tous : mort ou vivant, dit-on,
A Sainte-Anne une fois doit aller tout Breton.

Fidèle à ce filial point d'honneur, nous voyons chaque jour quelque pieux pélerin prendre, vers la ville sainte de Bretagne, son chemin solitaire. Parfois il se mêle à l'allégresse de toute une paroisse, qui s'élance en chantant vers la nouvelle Sion. Tels nos annales diocésaines nous montrent les fidèles de Fay, en 1873 et 1897 ; Derval, en 1884 ; les 700 pélerins d'Assérac, en 1885 ; en 1895, Trescalan : reprenant la trace des anciennes flotilles qui, chaque automne, s'en allaient remercier la protectrice des pêcheurs, leurs pieux descendants parcouraient à leur tour, comme une volée de blanches mouettes, les innombrables îles du Morbihan, et venaient se prosterner aux pieds de la Reine de l'Arvor.

†

Entrons maintenant dans l'antique capitale de notre autre Anne de Bretagne. L'Anne céleste y serait-elle en oubli ? N'est-ce pas, au contraire, à ce foyer que s'est allumé sans doute, que s'entretient, que se propage l'amour de l'auguste patronne des marins ?

A la cathédrale des Félix et des Gohard, l'honneur d'avoir, la première des sanctuaires de Nantes, honoré sainte Anne ! Autant qu'à la lueur des vieilles chartes nous pouvons lire dans la nuit des temps, dès le XIIe siècle, nous trouvons à Saint-Pierre une chapellenie, laquelle, d'après un document du XVe siècle aurait été fondée par Isaure, qui fut doyen de la Mée, de 1153 à 1175. Une seconde chapellenie y fut créée, par l'évêque Henri, février1305, à l'autel Sainte-Anne qu'il avait fait construire. Cette fondation resta, jusqu'en 1671, à la présentation des évêques de Nantes. Autre témoignage spécial de piété, c'est de nos jours, la neuvaine de sainte Anne, établie à la cathédrale, lors du choléra de 1832.

Au XIIIe siècle, les titres du chapitre mentionnent une chapellenie de la Bonne Mère, *capellania Bonœ Matris,* desservie dans l'église, aujourd'hui disparue, de Saint-Saturnin. Dans la même église existait une confrérie de Sainte-Anne. Une autre confrérie nous est mentionnée, à la fin du XVIIe siècle dans la chapelle de Saint-Gildas, située à quelque distance de la chapelle des Carmélites, vers la haute Grand-Rue. Sainte-Croix avait aussi sa chapellenie de sainte Anne, dès le XVIe siècle.

Autre forme donnée à la louange des saints, la prière publique. Or, à partir du XVe siècle, nous voyons la liturgie nantaise prodiguer à sainte Anne tous ses honneurs. Un calendrier, antérieur à 1440, nous apprend que sa fête se célébrait, comme les plus grandes, à neuf leçons. Au siècle suivant, les registres de l'officialité de Nantes restent en blanc, au 26 juillet, avec la mention explicative : *Fuit festum Beate Anne* : on fait la fête de sainte Anne. Elle fut ainsi d'obligation jusqu'en 1670, époque où Mgr de la Baume la retrancha, avec plusieurs autres. Le peuple persista à la garder, jusqu'à ce qu'en 1682 son successeur l'interdît de nouveau. De nos jours, sainte Anne n'a pas repris son rang de fête gardée. Du moins, Nantes et la Bretagne ont obtenu de Rome le privilège et le bonheur de la célébrer par un office propre, comme fête de première classe, avec octave.

†

Cette faveur de Léon XIII était elle-même comme le couronnement des grandes œuvres du XIXe siècle en l'honneur de sainte Anne. Tandis que la France à Jérusalem, la Bretagne à Auray ressuscitaient si magnifiquement ses sanctuaires, Nantes non plus n'oubliait pas sa Bonne Mère.

N'était-elle pas venue elle-même, comme au

Bocenno, réclamer un trône parmi nous ? Le 28 septembre 1792, un chasse-marée de Carnac, curieuse coïncidence ! il se nommait la *Sainte-Anne*, jetait l'ancre en face de notre île Sainte-Anne ([1]), apportant à Nantes les cloches dont la Révolution venait de dépouiller la chapelle de Nicolazic ([2]). N'était-ce pas comme un éveil donné à la piété nantaise ? une sollicitation d'offrir un refuge à l'aïeule du Christ de nouveau exilée ? une désignation particulière du lieu d'où elle désirait nous bénir ? C'était ce côteau de Miséry, d'où Louis XIV, août 1661, venait admirer les splendides horizons qui s'y déroulent ; cette colline de l'Hermitage, sanctifiée déjà par la prière des fils de saint François, gardiens de Sainte-Anne de Jérusalem ; ce camp de la Hautière, d'où « miraculeusement réconforté, disent nos pères, » ([3]) Alain Barbe-Torte s'était élancé pour chasser les Normands : « Ses prières oyes par la Vierge Marie, elle lui ouvrit à son vouloir une fontaine, qui est encore appelée la fontaine Saincte-Marie, de laquelle

(1) Voir *Saint-Géréon et ses évêques*, p. 126 : Origine de l'île Sainte-Anne.

(2) DISTRICT D'AURAY, correspond. n°s 1923, 1924, 1959, 1975, 2062, 2063.

(3) M. FOURNIER, 14 novembre 1858, Société académique, p. 769. Semaine Relig. de 1877.

luy et les siens suffisamment rafraischis et recréez, recouvrèrent leur vertu, retournèrent à la bataille, occirent » et forcèrent les barbares à la retraite, 958 ([1]).

La prédilection de la Vierge et de sa mère avait suffisamment marqué pour un autel notre héroïque et pieuse colline : *Ascende, et constitue altare Domino in areâ Areuna.* ([2]). Nantes, comme jadis Nicolazic, entendit ce vœu, et le 22 novembre 1846, l'autel de sainte Anne s'y trouvait dressé.

Et maintenant, les pèlerins peuvent répondre à l'appel que leur adresse la Vierge, du haut du frontispice du nouveau temple : « Venez à ma Mère ! » Ils admirent cette flèche hardie qui domine au loin la cité ; cette gentille nef gothique, ses nombreuses colonnettes, sa frise et ses légers arceaux ; cet orgue admiré ; ce majestueux autel de marbre et son magnifique bas-relief ; ces gracieuses verrières qui redisent l'histoire de sainte Anne ; ces nombreux ex-voto qui racontent tant de supplications et de bienfaits obtenus.

A toutes ces beautés, à ces pierres qui, vers sainte Anne, crient l'amour des Nantais, notre

(1) Chronique de Saint-Brieuc : *Prope monerium la Hautière*, et dom Lobineau, traduit par Lebaud, aumônier de la Duchesse Anne.

(2) II Reg. XXIV, 18.

cité voulut ajouter un nouveau témoignage de tendresse. Un vaste mouvement de fête se produisait sur notre colline, le mardi de Pâques, 22 avril 1851. Nantes se trouvait rassemblé pour ainsi dire tout entier, autour de ses plus insignes représentants : Monseigneur Jaquemet, M. Lehuédé, fondateur de cette paroisse, le général Gérard et son état-major, le préfet de la Loire-Inférieure, le maire de Nantes et ses conseillers, le recteur d'Académie. Un chœur de marins faisait écho à la voix puissante du comte Fernand de Bouillé, chantant les stances délicieuses, inspirées par une suave piété, à notre Sapho nantaise, Elisa Morin. Cette ovation triomphale s'adressait au chef-d'œuvre de bronze de notre éminent statuaire, Amédée Ménard ; à cette image de la bien-aimée Patronne des marins, d'une expression si maternelle, majestueuse et profonde, qui se dresse, comme un phare d'espérance, au sommet des cent vingt marches de son monumental escalier. La cité venait lui consacrer son port : *Nannetenses ædiles et parochus posuerunt ;* lui adresser cette prière : *Nautis et navibus nostris semper faveas !*

Depuis lors, l'enthousiasme s'est-il éteint ? Qui ne voit chaque jour, au contraire, les pèlerins gravir les rampes solennelles de l'Hermitage, et monter vers cet autre Moria, pour y saluer sainte Anne dans sa nouvelle Probatique ? Que de milliers de fidèles lui font une filiale garde d'honneur, en lui adressant, dans cette Archiconfrérie, érigée par Léon XIII, 9 décembre 1879, le perpétuel hommage de leurs prières et de leurs aumônes, en retour de la protection spéciale qu'elle leur assure jusqu'au delà du tombeau ? Les jours bénis de sa Neuvaine ne sont-ils pas, chaque année, pour la cité entière, plus qu'une fête nationale ?

†

Voilà le foyer sacré où s'est rallumé plus vif et plus tendre, parmi les Nantais, le culte de sainte Anne. Et maintenant, cet amour déborde hors de la cité et du diocèse, et n'aspire qu'à s'élancer vers ces plaines heureuses où s'est révélée, où à parlé, où règne particulièrement l'auguste Patronne de la Bretagne.

« Il y avait longtemps que, de notre ville, de pareilles manifestations ne s'étaient dirigées vers ce sanctuaire béni », écrivait M. Fournier, curé de Saint-Nicolas. Pourtant, ajoute-t-il, le 1er juillet 1639, « la ville de Nantes faisait à Sainte-Anne d'Auray un pèlerinage solennel. On y portait religieusement des reliques que le pieux Louis XIII avait envoyées à Nantes à cette intention. Les notables de la ville y étaient représentés ; l'évêque de Vannes venait à Auray recevoir le cortège et le sacré dépôt, pour l'accompagner à la chapelle vénérée. » (1) M. Fournier renouvelait lui-même ce premier et antique pèlerinage des Nantais, par celui du 2 juillet 1867, où l'accompagnaient trente prêtres et six cents pèlerins. C'était comme au lendemain de la pose de la première pierre du nouvel édifice, 4 septembre 1866. « La vieille chapelle s'élevait encore au milieu des vastes constructions de l'église inachevée ». Les Nantais de 1639 avaient salué des premiers, dix ans après sa fondation, le vénérable sanctuaire dressé par Nicolazic ; deux siècles après, notre second pèlerinage le voyait disparaître.

L'élan est donné, il ne s'arrêtera plus. C'est pourquoi, de Nantes et de tout le diocèse, des milliers de pèlerins s'élançaient, le 30 septembre 1878, pour se joindre aux six évêques, aux mille prêtres, aux représentant de la marine, de l'armée, de la magistrature, du corps législatif et de l'administration, aux 60,000 chrétiens accourus de la Bretagne, de l'Anjou, de la Vendée, de Blois, d'Orléans et de Paris, pour assister au couronnement de la statue de sainte Anne, la

(1) *Semaine Religieuse*, 1867, page 318.

plus grandiose ovation qui ait été adressée à notre auguste Reine de Bretagne, depuis les jours de Louis XIII.

Après la joie, les larmes ! Le 8 décembre 1872, Mgr Fournier reprenait le chemin de Sainte-Anne, pour lui présenter l'immense deuil de la patrie, au milieu des 40,000 pélerins accourus de quatre diocèses de Bretagne ; pour entendre le touchant cantique de reconnaissance des heureux protégés de sainte Anne, 708 marins partis pour la guerre allemande :

Sept cent huit ici nous nous retrouvons !
Sainte Anne d'Auray garde les Bretons.

Le 27 juillet 1873 voyait à son tour 700 Nantais porter à la Patronne de la Bretagne les supplications de la France mutilée et pénitente. Spectacle vivant, qui personnifiait pour eux, et dramatisait cette grande pensée : « A la messe des pèlerins se trouvait, au premier rang, un général en grand uniforme accompagné de son aide de camp. Lorsqu'à la communion, on l'a vu s'approcher de la sainte table, aux pieds de laquelle il n'a pu s'agenouiller, un frémissement à peine comprimé saisissait la foule : on venait de reconnaître le général de Sonis ! »

Une double ambassade de Nantais, le dimanche 2 août 1874, assiégeait les autels de sainte-

Anne. Tandis que les uns allaient se joindre aux 76 conférences de Saint-Vincent-de-Paul en Bretagne, réunies dans le sanctuaire renaissant de Keranna, l'infatigable ami de sainte Anne, Mgr Fournier apparaissait au haut de notre gigantesque escalier, où l'accueillaient le clergé nantais, le Comité catholique et l'amiral maire de Nantes de Cornulier Lucinière. Et l'éloquent prélat reprenait pour notre céleste protectrice son hymne d'amour. « Jésus-Christ, s'écriait-il, a partagé la terre entre ses saints, et il a donné d'une façon toute spéciale la Bretagne à sainte Anne. Cette contrée lui appartient ; elle en est comme la grande duchesse, et son pouvoir ne périra jamais. Cette pensée, je l'exprimais, il y a longtemps déjà, au jour même où l'on posait les fondements de cette église. »

C'était le chant du cygne du vaillant inaugurateur de nos pèlerinages bretons. L'enthousiasme qu'il avait allumé au cœur des Nantais ne se refroidira pas. Dès le mercredi, 8 août 1877, l'héritier de son zéle, Mgr Lecoq, apparaissait parmi les huit évêques et les 30,000 pèlerins rassemblés autour de la splendide basilique de Sainte-Anne d'Auray que l'on allait consacrer, troisième monument dédié, au même lieu, à leur souveraine, par la piété des Bretons. Et le cœur ému à l'aspect de cet incomparable spectacle, Mgr David, de Saint-Brieuc, s'écriait : « Qui parle donc de l'affaiblissement de la foi ? Que veulent dire ces hommes qui annoncent la décadence et la mort de l'Eglise ? Que ne sont-ils témoins de ce concours, de ce bonheur, de cette foi qui palpite, ardente, immortelle au fond de vos âmes. Oui, la foi est toujours toute puissante ! Vous en êtes aujourd'hui la preuve magnifique. N'êtes-vous pas tout prêts à souffrir et à mourir pour elle ? Et s'ils revenaient au milieu de nous, ces vieux Bretons, vos pères, qui ne tremblaient que devant Dieu, dont la vie héroïque, malgré son obscurité, était un perpétuel sacrifice au devoir, ils vous reconnaîtraient et vous applaudiraient comme leurs vrais et dignes enfants : *Ecce pueri mei* ».

L'année suivante, 4 août 1878, 700 Nantais revenaient encore, avec M. Roy, curé de Saint-Nicolas, admirer le trône de gloire dressé à la Reine de Bretagne : écrin de richesses et de beautés où tous les arts se sont donnés rendez-vous ; ex-voto gigantesque de toutes les générosités catholiques, depuis le souverain Pontife, les Pères du Vatican, l'empereur, les princes, jusqu'au pauvre et à la veuve avec leur humble obole ; poème harmonieux qui chante les grandeurs de l'Aïeule du Christ ; livre de granit qui racontera aux âges lointains que les Bretons du XIXe siècle ne sont point dégénérés de la piété des jours de Louis XIII et de Judicaël.

†

Ces brillants pèlerinages au sanctuaire d'Auray, est-ce là le dernier effort, l'expression parfaite de la foi nantaise ? Non, le Nantais est marin : si son ardeur commerciale le pousse sur tous les rivages, il porte au cœur, non moins intense, son prosélytisme chrétien, et sa sublime ambition, c'est d'exporter partout l'amour de sainte Anne.

Il est, aux roches des Pyrénées, un autre merveilleux sanctuaire, où, par une sainte émulation de tendresse pour notre France « le plus beau royaume après celui du ciel », l'auguste Fille de sainte Anne a voulu visiblement descendre et résider à son tour, comme à Auray, sa mère. Aussi, si la Bretagne de Louis XIII, le 25 juillet 1625, tressaillit de bonheur à cette confidence ineffable : « Je suis Anne, mère de Marie ! » avec quelle allégresse plus vive encore la France du 25 mars 1858 n'a-t-elle pas accueilli cette délicieuse révélation : « Je suis l'Immaculée Conception ! » « Remarquez, dit le saint prélat, Mgr de Ségur, qui a voulu dormir son dernier sommeil, au cimetière de Pluneret 1881, aux pieds de sainte Anne, remarquez la conformité touchante des prodiges répétés de Keranna avec ceux de la grotte de Lourdes. Sainte Anne et la Vierge immaculée ont la même manière de faire ; et, pour remuer les peuples, la Mère se sert, comme la Fille, des pauvres et des petits. Toutes deux elles apparaissent dans une lumière toute céleste ; toutes deux sont vêtues de blanc, symbole d'innocence et de gloire ; toutes deux gardent longtemps le silence, et ne se nomment qu'après avoir longtemps préparé les voies, l'une au pauvre paysan de Keranna, l'autre à la pauvre petite bergère de Lourdes. Dans les apparitions multipliées de l'une comme de l'autre, tout est grave, tout est noble, simple, plein de grâce, de douceur et de sainteté. »

C'est pour unir, dans une commune et splendide louange, ces deux charmants prodiges, ces cultes inséparables de la Vierge et de sa Mère, que, le 26 août 1879, 3000 Nantais s'élançaient, pour la dixième fois, avec leur évêque, vers la grotte de Massabielle. On arrive, la procession se forme, les étendards se déploient. Puis, au milieu des rangs pressés, on voit s'avancer, entouré de bannières, un char magnifique, garni de draperies de velours aux franges d'or. Il est traîné par quatre chevaux blancs richement caparaçonnés ; quatre écuyers en livrées bleues les conduisent. Sur le char se dresse, comme une apparition céleste, œuvre de M. Potet, le groupe de sainte Anne et de la Vierge enfant, taillé dans un marbre de Carrare, dont le blanc neigeux resplendit sous le beau soleil des Pyrénées. Sainte Anne, de grandeur naturelle, est assise et vient de faire lire à l'Enfant, debout à sa gauche, ces paroles du saint Livre : *Diliges Dominum Deum tuum*. A cette évocation d'amour qui répond si bien au besoin de son âme, la Vierge tombe en extase, joint ses mains enfantines, tandis que son regard se perd dans les profondeurs du ciel. La mère, doucement étonnée, laisse à son tour retomber sur ses genoux le texte sacré ; de la main gauche elle entoure la taille de sa Fille, et ses traits inondés de bonheur traduisent la joie sublime qu'elle ressent, à la vue de l'action de Dieu sur son enfant bien-aimé.

Le cortège triomphal se déroule ensuite, au milieu des pèlerins de Nantes, de Nîmes et d'Avignon, et la sainte Anne de Nantes vient saluer l'Immaculée sa Fille, à la grotte de Massabielle. Alors, Mgr Lecoq donnant un libre essor à son émotion et traduisant l'enthousiasme de tous : « Oui, s'écrie-t-il, l'histoire de sainte

Anne est inséparable de notre histoire religieuse, et le plus beau chapitre de nos annales sera celui qui portera ce titre : le culte de sainte Anne chez les Bretons. Cette alliance, dont rien ne pourra rompre les nœuds, nous venons la sceller d'une manière plus solennelle encore, s'il est possible, en présence de cette grande nature et de ces cimes gigantesques, qui semblent vouloir en porter jusqu'au ciel le magnifique témoignage ; sous les yeux de la Vierge qui a daigné un jour apparaître sur ce roc ; en présence du clergé et du peuple d'Avignon. Coïncidence vraiment admirable, la Provence et la Bretagne, réunies en ce moment autour de la statue de sainte Anne ! quel grand et délicieux spectacle : la Provence possède ses reliques ; la Bretagne, le plus beau de ses sanctuaires. Soyez fiers, ô peuple de Provence, du trésor qui est entre vos mains ; soyez fiers aussi nobles Bretons, en contemplant sur votre sol l'auguste basilique d'Auray ! Debout sur ses bases de granit, elle bravera les tempêtes, et jusqu'au dernier jour du monde, elle redira les mêmes paroles : *La Bretagne et sainte Anne !* »

En allant saluer l'Immaculée aux lieux bénis où ce sont posés ses pieds, Nantes ne pouvait oublier cet autre sanctuaire, plus vénérable encore, ou sainte Anne l'avait donnée au monde.

Notre offrande à la chapelle de Sainte-Anne de Lourdes en appelait donc une autre à Sainte-Anne de Jérusalem. Ainsi serait reliée notre dévotion filiale au berceau même de ce culte bien-aimé. Cette noble pensée s'allumait au cœur des Nantais le 5 mars 1881 ; un comité de dames, sous la présidence de madame de Cornulier-Lucinière en dirigeait l'essor : M. Potet reprenait son ciseau ; le groupe sacré arrivait de Jaffa sur l'antique Moria, et le mercredi saint, 21 avril 1886, les innombrables pèlerins, accourus de tous les points du globe pour les fêtes pascales aux Saints-Lieux, pouvaient admirer et saluer, en cette magnifique statue, l'amour généreux, constant, cosmopolite des Nantais pour sainte Anne.

†

Toujours de nouveaux besoins, partout de nouveaux périls ! Et comme des enfants près de leur mère, Mgr Lecoq et 1100 pélerins revenaient, 7 juillet 1884, aux pieds de s inte Anne d'Auray, lui confier leurs mortelles alarmes sur les progrès de l'impiété menaçante, et retrouver la force, en redisant à son autel le cantique d'espérance de l'Anne des anciens jours :

« Jéhovah ôte la vie et il la donne, il conduit » aux enfers et il en retire !

» Il gardera les pieds de ses saints ; mais les » impies seront réduits au silence dans les téné- » bres : car l'homme ne se soutiendra pas par » sa propre force ! »

Puis, c'était le souverain Pontife lui-même, Léon XIII, qui donnait au nom de sainte Anne, l'éveil à des supplications plus puissantes encore, par l'offrande d'une insigne relique à la basilique d'Auray. Le 24 juillet 1893, la Bretagne, dans un triduum solennel, se pressait pour la recevoir et la saluer. Mgr Laroche, avec six évêques, s'y trouvait avec sa cour d'honneur de Nantais et de 30.000 Bretons. Et c'est avec un frémissement de bonheur que l'immense auditoire recueillait, comme les strophes d'un chant triomphal, ces suaves et grandes paroles :

« Je te salue, ô bras puissant de sainte Anne qui n'es pas raccourci ni épuisé. Que de blessures tu as faites à l'ennemi de l'Eglise et des âmes ! Ne cesse pas de lutter et de vaincre parce que l'enfer et les passions ne cessent pas de rugir. Convertis les pêcheurs !

» Je te salue, ô bras caressant, qui continue d'être un bras maternel. Tu caressais Marie souriante; caresse nos âmes, que tu rendras belles !

» Je te salue, ô bras robuste, qui soutenais la faiblesse de Marie naissante. Voici nos faiblesses qui t'implorent. Ramasse sur ton cœur les affaiblis, les infirmes qui n'en peuvent plus de marcher sur l'âpre voie du Calvaire. Porte-les jusqu'au ciel !

» Je te salue, ô bras consolant, qui essuyais les pleurs de Marie. Combien d'affligés, de désespérés qui t'implorent ! Essuie les yeux mouillés de larmes, rafraîchis les paupières brûlantes, adoucis les douleurs amères qui semblent ne plus connaître l'infinie tendresse de Dieu !

» Je te salue, ô bras triomphant, qui n'as jamais été vaincu. Fais que ta chère Bretagne garde sa beauté divine. Emporte-là, victorieuse de la révolution satanique, dans les splendeurs et les délices du Paradis ! »

Un nouveau siècle s'est ouvert, époque de deuil pour l'Eglise et de honte pour la France. L'impiété semble avoir enchaîné le catholicisme à son char de triomphe. Mais la prière est toujours libre, et si la terre manque au chrétien, il retrouve toujours de puissants amis du côté des cieux.

Voilà pourquoi, dimanche 17 juillet 1904, un millier de Nantais reprenaient, à la suite de Mgr Rouard, ce chemin de Sainte-Anne d'Auray, que le premier nous avait ouvert Mgr Fournier.

En tête de cette dixième pompe triomphale, on revoyait parmi les dix croix paroissiales, la bannière du 2 juillet 1867, portée par les enfants de Saint-Nicolas. C'étaient eux encore qui réjouissaient les voûtes de granit de la basilique bretonne de leurs splendides harmonies, tandis que M. le curé de Saint-Nicolas chantait en chaire l'invincible confiance des Nantais à la patronne de la Bretagne.

Touchante évocation de ce merveilleux passé! Il y a 280 ans que sainte Anne a dit : « Dieu veut que je sois ici honorée ! » Le temps a emporté bien des paroles, enseveli dans l'oubli bien de évènements, transformé bien des lieux. Mais la voix éternellement chérie de l'Aïeule du Christ garde son retentissement dans tout cœur breton. Et dans ce même champ où se découvrit l'antique statue, près de cette même fontaine où elle apparut à Nicolazic, nous étions là, heureux de poser sous son invisible regard, attendant que nous aussi sa douce voix nous console. Cette consolation, nous semblions l'entendre, comme de la bouche prophétique de sainte Anne, dans ces fortifiantes paroles de notre Évêque : « Les victimes s'affligent, mais bientôt les persécuteurs tombent. Aveugles instruments des desseins de Dieu, ils n'ont fait que préparer de nouvelles palmes à l'héroïsme chrétien. Puis s'efface le scandale de leur pouvoir, pour ne laisser à la foi triomphante que la joie de chanter à jamais, sur leur tombeau, Jésus-Christ, sa Mère et son Aïeule bien-aimées. »

TABLE

DU MÊME AUTEUR :

Voix du Sanctuaire..................	1 vol. in-12
La Littérature Sacrée................	1 vol. in-12
L'Epopée Biblique...................	2 vol. in-8o
Le Génie d'Israël.....................	4 vol. in-8o
Le Poème de l'Evangile...............	2 vol. in-8o
Saint Géréon et ses Evêques..........	1 vol. in-8o
Nautiques..........................	1 vol. in-12
Sainte Anne........................	1 vol. in-12

Imp. Mellinet, — Biroché et Dautais, Succrs. — Nantes.

www.ingramcontent.com/pod-product-compliance
Ingram Content Group UK Ltd.
Pitfield, Milton Keynes, MK11 3LW, UK
UKHW020202200726
13856UKWH00003B/1147

9 782013 372817